Pebble Plus
Bilingüe/Bilingual

Primeras damas/First Ladies
Eleanor Roosevelt

por/by Sally Lee

Editora consultora/Consulting Editor: Gail Saunders-Smith, PhD

Consultor/Consultant: Carl Sferrazza Anthony,
Historiador de la Biblioteca Nacional de Primeras Damas en Canton, Ohio/
Historian National First Ladies' Library in Canton, Ohio

CAPSTONE PRESS
a capstone imprint

Pebble Plus is published by Capstone Press,
151 Good Counsel Drive, P.O. Box 669, Mankato, Minnesota 56002.
www.capstonepub.com

 Books published by Capstone Press are manufactured with paper
containing at least 10 percent post-consumer waste.

Library of Congress Cataloging-in-Publication Data
Lee, Sally.
 [Eleanor Roosevelt. Spanish & English.]
 Eleanor Roosevelt / by Sally Lee.
  p. cm.—(Pebble Plus bilingüe. Primeras damas Pebble Plus bilingual. First ladies)
 Includes index.
 Summary: "Simple text and photographs describe the life of Eleanor Roosevelt—in both English and Spanish"—
Provided by publisher.
 ISBN 978-1-4296-6112-6 (library binding)
 1. Roosevelt, Eleanor, 1884-1962—Juvenile literature. 2. Presidents' spouses—United States—Biography—Juvenile
literature. I. Title. II. Series.
 E807.1.R48L4418 2011
 973.917092—dc22   2010042264

Editorial Credits
Christine Peterson, editor; Strictly Spanish, translation services; Ashlee Suker, designer; Danielle Ceminsky,
    bilingual book designer; Svetlana Zhurkin, media researcher; Laura Manthe, production specialist

Photo Credits
Corbis, 9; Bettmann, 12–13
Franklin D. Roosevelt Library, 5, 6–7, 21
Getty Images/Keystone, 1, 15, 18–19; Keystone/Bachrach, 11; Time & Life Pictures/David E. Scherman, 17; Time Life
    Pictures/Leo Rosenthal, cover (right)
Shutterstock/Alaettin Yildirim, 5, 7, 9, 11, 13, 17, 19 (caption plate); antoninaart, cover (left), 1, 4–5, 10–11, 22–23, 24
    (pattern); Gemenacom, 5, 11 (frame)

Note to Parents and Teachers

The Primeras damas/First Ladies series supports national history standards related to people
and culture. This book describes and illustrates the life of Eleanor Roosevelt in both English
and Spanish. The images support early readers in understanding the text. The repetition of
words and phrases helps early readers learn new words. This book also introduces early readers
to subject-specific vocabulary words, which are defined in the Glossary section. Early readers
may need assistance to read some words and to use the Table of Contents, Glossary, Internet
Sites, and Index sections of the book.

Printed in the United States of America in North Mankato, Minnesota.
092010   005933CGS11

Table of Contents

Tabla de Contenidos

Early Years

Eleanor Roosevelt sparkled as first lady.
But as a child, she was shy. Eleanor was born
October 11, 1884. Her parents, Elliott and Anna, were
among the richest people in New York City.

Los primeros años

Eleanor Roosevelt brilló como primera dama. Pero de
niña era tímida. Eleanor nació el 11 de octubre de 1884.
Sus padres, Elliott y Anna, estaban entre las personas
más ricas de la Ciudad de Nueva York.

born in New York City/
nace en la Ciudad de
Nueva York

1884

young Eleanor in 1887/la pequeña Eleanor en 1887

Eleanor's father made her feel special. Her pretty mother made Eleanor feel plain. Eleanor's parents died when she was young. At age 8, Eleanor went to live with her strict grandmother.

El padre de Eleanor la hacía sentir especial. Su bonita madre hacía que Eleanor se sintiera común. Los padres de Eleanor murieron cuando ella era una niña. A los 8 años de edad, Eleanor se fue a vivir con su estricta abuela.

born in New York City/
nace en la Ciudad de
Nueva York

1884

In 1891 Eleanor's family included her father, Elliott (left), and brothers Elliott Jr. (right) and Gracie Hall (seated)./En 1891 la familia de Eleanor incluía a su padre, Elliott (izquierda), y a sus hermanos Elliott Jr. (derecha) y Gracie Hall (sentada).

Growing Up

In 1899 Eleanor went to the Allenswood Academy in England. She was shy. Her teacher thought Eleanor was smart. She helped Eleanor become more confident.

De niña a adulta

En 1899 Eleanor fue a la Allenswood Academy en Inglaterra. Ella era tímida. Su maestra pensó que Eleanor era inteligente. Ella ayudó a Eleanor a adquirir más confianza en sí misma.

born in New York City/
nace en la Ciudad de
Nueva York

goes to school in
England/asiste a la
escuela en Inglaterra

Eleanor (back row, center) with classmates at Allenswood Academy in 1900/Eleanor (fila de atrás, al centro) con compañeras de clase en Allenswood Academy en 1900

In 1905 Eleanor married her distant cousin Franklin Roosevelt. They had six children. Eleanor liked to help others. She taught women about politics. She volunteered with the Red Cross.

En 1905 Eleanor se casó con su primo lejano Franklin Roosevelt. Tuvieron seis hijos. A Eleanor le gustaba ayudar a los demás. Ella les enseñaba a las mujeres acerca de la política. Era voluntaria en la Cruz Roja.

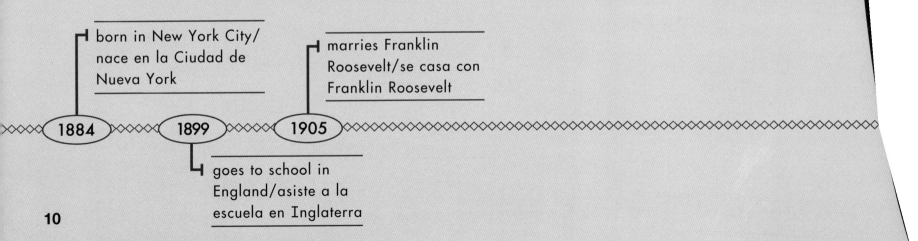

born in New York City/ nace en la Ciudad de Nueva York

marries Franklin Roosevelt/se casa con Franklin Roosevelt

1884   1899   1905

goes to school in England/asiste a la escuela en Inglaterra

Eleanor and Franklin
with five of their six
children in 1915/Eleanor
y Franklin con cinco de
sus seis hijos en 1915

11

First Lady

In 1933 Franklin became U.S. president. At that time, millions of Americans needed jobs, homes, and food. Eleanor visited poor people. She told the president about their problems.

Primera dama

En 1933 Franklin se convirtió en presidente de EE.UU. En esa época, millones de estadounidenses necesitaban empleo, casa y comida. Eleanor visitaba a los pobres. Ella le contaba al presidente de sus problemas.

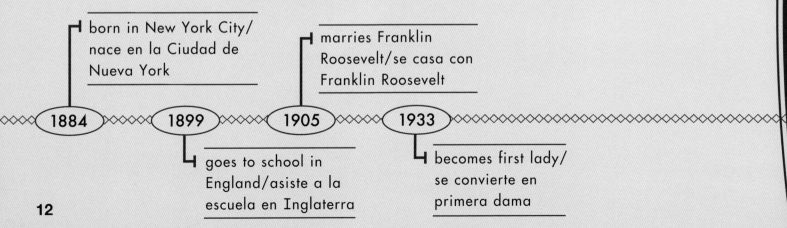

born in New York City/
nace en la Ciudad de
Nueva York

marries Franklin
Roosevelt/se casa con
Franklin Roosevelt

1884 1899 1905 1933

goes to school in
England/asiste a la
escuela en Inglaterra

becomes first lady/
se convierte en
primera dama

In 1935 Eleanor visited coal workers./En 1935 Eleanor visitó a los trabajadores de las minas de carbón.

13

Eleanor was an active first lady. She wrote a column in the newspaper. She fought for civil rights. Eleanor spoke out against poor working conditions.

Eleanor fue una primera dama activa.
Ella escribía una columna en el periódico.
Ella luchó por los derechos civiles. Eleanor habló en contra de las malas condiciones de trabajo.

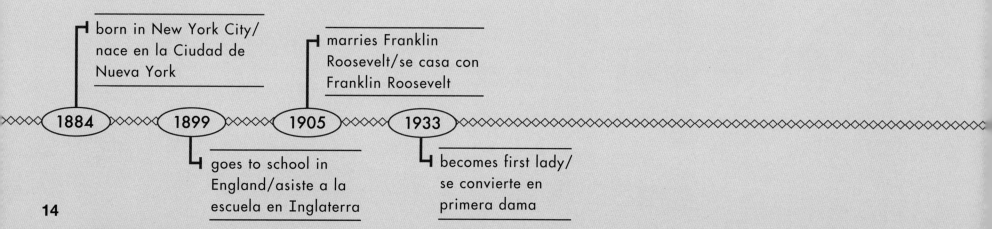

born in New York City/
nace en la Ciudad de
Nueva York

marries Franklin
Roosevelt/se casa con
Franklin Roosevelt

1884   1899   1905   1933

goes to school in
England/asiste a la
escuela en Inglaterra

becomes first lady/
se convierte en
primera dama

In 1941 the United States entered World War II.
Eleanor met with U.S. troops around the world.
She visited soldiers in hospitals and wrote letters
to their families.

En 1941 Estados Unidos entró a la Segunda Guerra
Mundial. Eleanor se reunió con soldados de EE.UU.
en todo el mundo. Ella visitaba a los soldados en
hospitales y escribía cartas a sus familias.

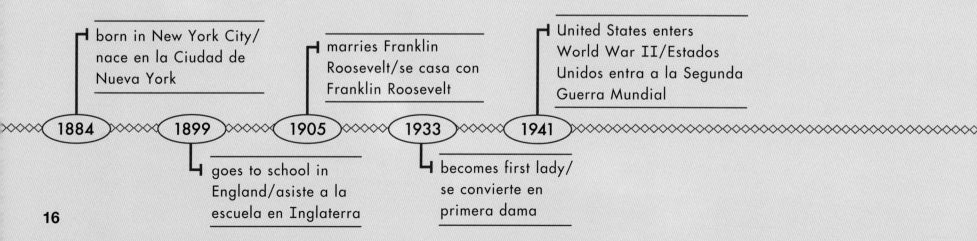

born in New York City/
nace en la Ciudad de
Nueva York

marries Franklin
Roosevelt/se casa con
Franklin Roosevelt

United States enters
World War II/Estados
Unidos entra a la Segunda
Guerra Mundial

1884   1899   1905   1933   1941

goes to school in
England/asiste a la
escuela en Inglaterra

becomes first lady/
se convierte en
primera dama

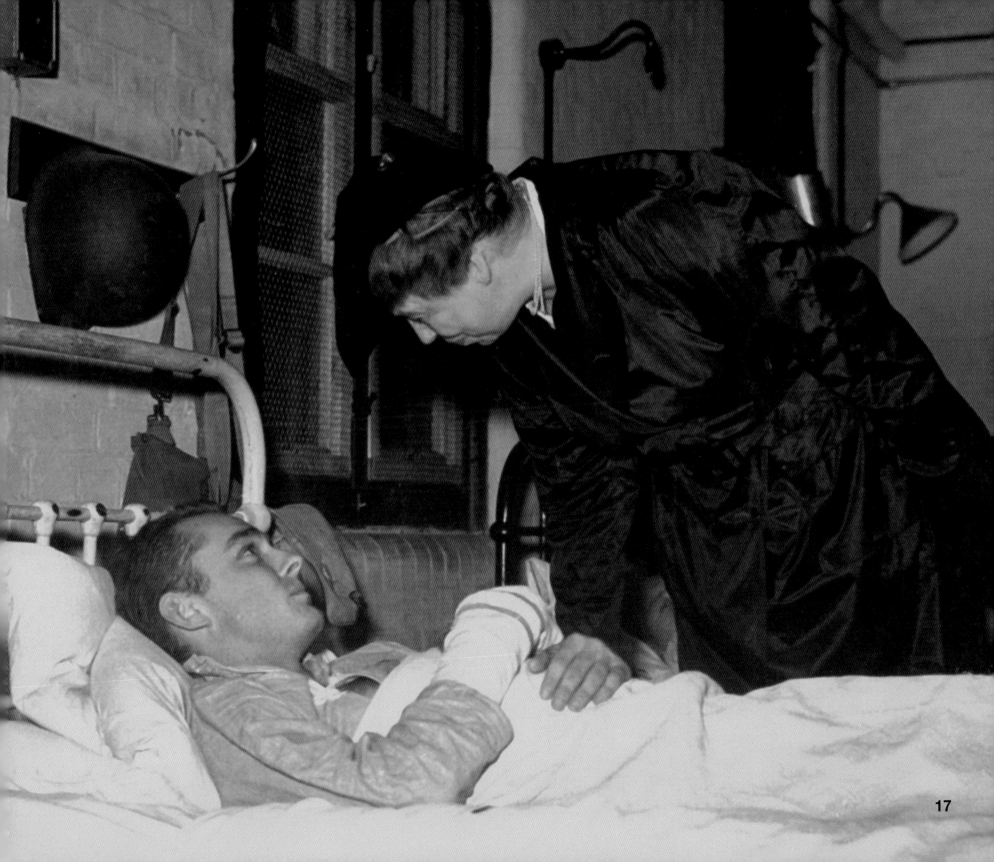

On Her Own

Franklin died in 1945. Eleanor missed him but kept working. She worked for the United Nations. She helped write a paper on human rights.

Por su cuenta

Franklin murió en 1945. Eleanor lo extrañaba, pero siguió trabajando. Ella trabajó para las Naciones Unidas. Ella ayudó a escribir un artículo sobre los derechos humanos.

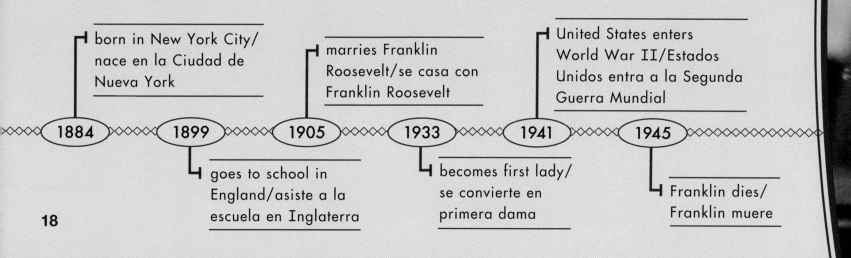

born in New York City/ nace en la Ciudad de Nueva York

marries Franklin Roosevelt/se casa con Franklin Roosevelt

United States enters World War II/Estados Unidos entra a la Segunda Guerra Mundial

1884 **1899** **1905** **1933** **1941** **1945**

goes to school in England/asiste a la escuela en Inglaterra

becomes first lady/ se convierte en primera dama

Franklin dies/ Franklin muere

Eleanor worked for the United Nations for seven years./Eleanor trabajó para las Naciones Unidas durante siete años.

Eleanor died in 1962 at age 78. She is remembered for working hard to make life better for all people. Many people called her the First Lady of the World.

Eleanor murió en 1962 a los 78 años de edad. A ella se la recuerda por trabajar arduamente para mejorar la vida de todas las personas. Muchas personas la llamaban la Primera Dama del Mundo.

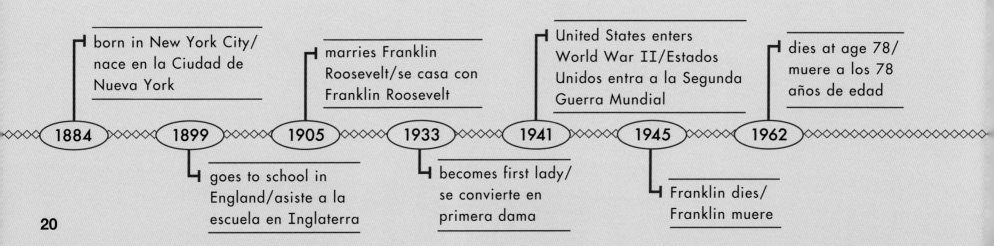

born in New York City/ nace en la Ciudad de Nueva York

marries Franklin Roosevelt/se casa con Franklin Roosevelt

United States enters World War II/Estados Unidos entra a la Segunda Guerra Mundial

dies at age 78/ muere a los 78 años de edad

1884 — 1899 — 1905 — 1933 — 1941 — 1945 — 1962

goes to school in England/asiste a la escuela en Inglaterra

becomes first lady/ se convierte en primera dama

Franklin dies/ Franklin muere

Glossary

civil rights—the rights that all people have to freedom and equal treatment under the law

politics—the act or science of governing a city, state, or country

Red Cross—an organization that gives food, clothing, and money to people after floods, earthquakes, and other terrible events

strict—making someone follow rules and behave in a proper way

United Nations—a group of countries around the world that works for peace

volunteer—to offer to do something without pay

Internet Sites

FactHound offers a safe, fun way to find Internet sites related to this book. All of the sites on FactHound have been researched by our staff.

Here's all you do:

Visit *www.facthound.com*

Type in this code: 9781429661126

Super-cool stuff! Check out projects, games and lots more at
www.capstonekids.com

Glosario

la Cruz Roja—una organización que da alimentos, ropa y dinero a las personas después de las inundaciones, los terremotos y otros sucesos terribles

los derechos civiles—los derechos que todas las personas tienen a la libertad y el tratamiento equitativo según la ley

estricto—que obliga a alguien a seguir reglas y a comportarse correctamente

las Naciones Unidas—un grupo de países de todo el mundo que trabaja para la paz

la política—el acto o la ciencia de gobernar una ciudad, un estado o un país

el voluntario—una persona que se ofrece a hacer algo sin paga

Sitios de Internet

FactHound brinda una forma segura y divertida de encontrar sitios de Internet relacionados con este libro. Todos los sitios en FactHound han sido investigados por nuestro personal.

Esto es todo lo que tienes que hacer:

Visita *www.facthound.com*

Ingresa este código: 9781429661126

¡Algo súper divertido! Hay proyectos, juegos y mucho más en www.capstonekids.com

Index

Índice